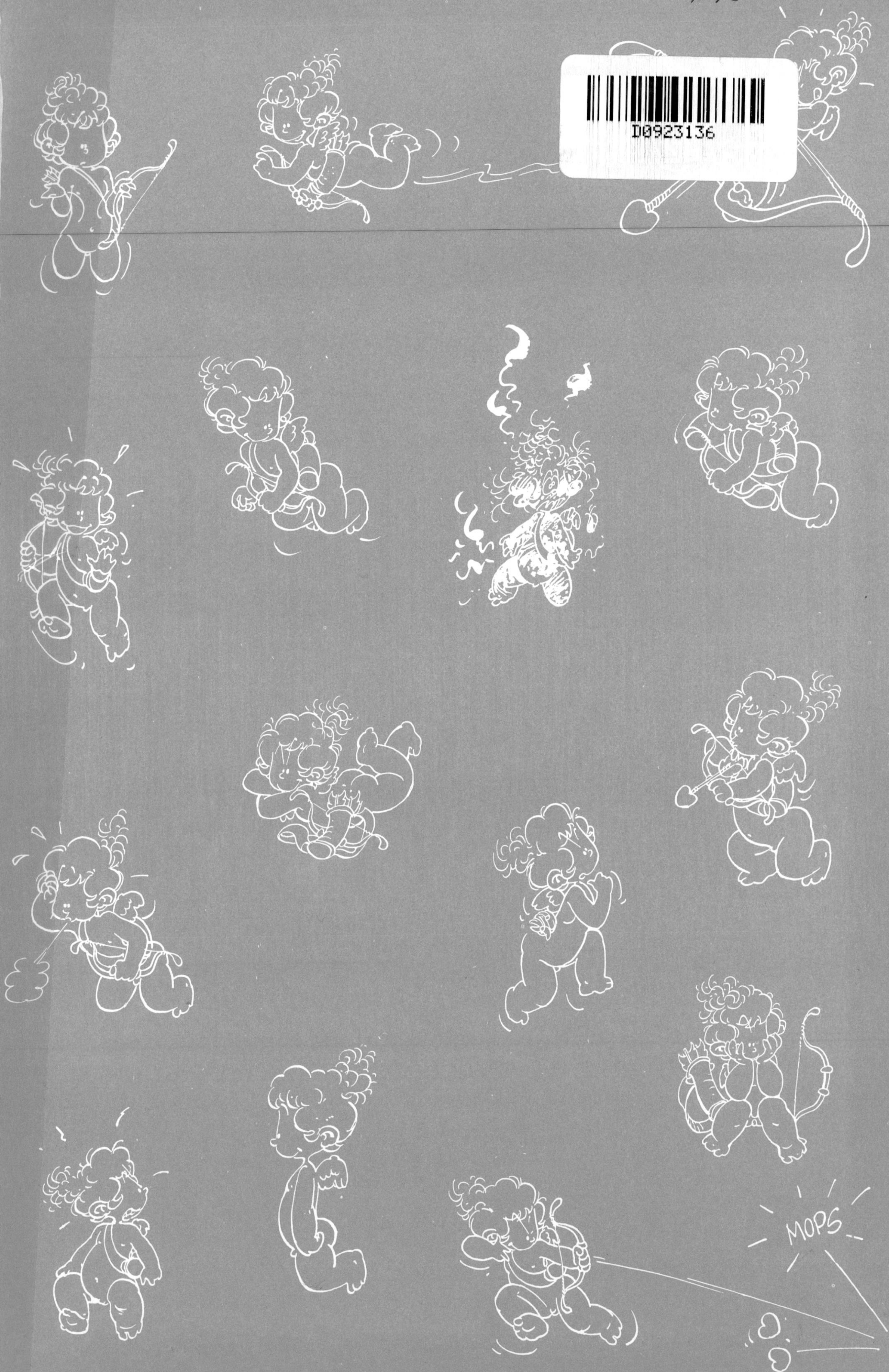
MOPS

Malik · Cauvin

Cupidon

PREMIÈRES FLÈCHES

COULEURS : LAURENT

DUPUIS

Maquette : Y. Amateis.
Réédition : juin 1993 — D.1990/0089/35
ISBN 2-8001-1728-1 — ISSN 0776-2941
© 1990 by Malik, Cauvin and Editions Dupuis.
Imprimé en Belgique.

HOULALA! J'AI L'IMPRESSION D'ARRIVER JUSTE À TEMPS, MOI.

DZOiiiNG

MOD

PLiTS

JE TE DONNE ENCORE UNE CHANCE! À TOI D'EN PROFITER, SINON...

UN PEU PLUS TARD...

TU AS ENTENDU TON MÉMAÎTRE! À PRÉSENT, SI TU VEUX ÉVITER DE FINIR TES VIEUX JOURS À LA FOURRIÈRE, C'EST À TOI DE TE MONTRER À LA HAUTEUR!

NOOOOON!

QUASIMODO? QUE FAIS-TU?

OUF!

ZWUïZWUïZWUï

C'EST PAS VRAI ! MAIS C'EST PAS VRAI !

OUAIS ! D'ACCORD ! J'AVOUE QU'IL Y A PROGRÈS ! CE N'EST PLUS SUR LA MOQUETTE, MAIS TOUT DE MÊME...

LA PROCHAINE FOIS, ÉVITE DE FAIRE CELA DANS LA MAISON, VEUX-TU ? DEMANDE-LE !

TU AS ENTENDU, QUASIMODO ? DE-MAN-DE-LE !

OUI ! OUI ! C'EST ÇA ! VAS-Y.

OUÈÈÈ ! PARFAIT !

EH BIEN VOILÀ ! CE N'ÉTAIT PAS PLUS DIFFICILE QUE CELA ! TU AS ENFIN COMPRIS, QUASIMODO !

ZWUÏÏ ZWUÏÏ ZWUÏÏ

PLUS TARD...

ET VOILÀ MARIANO QUI FONCE VERS LES BUTS... IL PASSE UN DÉFENSEUR... DEUX...

VA-T-IL MARQUER, NON, IL PASSE EN ARRIÈRE, IL...

MAINTENANT ?

TU NE PEUX PAS ATTENDRE UNE MINUTE ?

NOOON ?

BON.

GOAL ! FORMIDABLE ! FANTASTIQUE !

C'EST BIEN, QUASIMODO ! C'EST TRÈS BIEN !

SGNIF !

ZWUÏÏ ZWUÏÏ ZWUÏÏ

ENCORE PLUS TARD...

MMM...? HEIN ? AH OUI !

CH'EST TRÈS BIEN ! CHA CH'EST UN GENTIL CHIENCHIEN !

SWUII SWUIII S...

D'ACCORD ! D'ACCORD ! TU AS TROUVÉ LE TRUC, MAIS FAUT PAS EN ABUSER TOUT DE MÊME...

IL VA FINIR PAR SE FÂCHER...

JE SAIS ! TU VAS M'EN VOULOIR, QUASIMODO, MAIS JE N'EN PEUX PLUS ! J'AI DÛ CHOISIR ENTRE TOI ET MOI ! CELA A ÉTÉ AFFREUX, MAIS J'AI CHOISI.

ZUT ! JE N'AI PLUS DE FLÈCHE !

DEVINE ?

VLAM

SCHRIIIIP SCHRIIIIP

NE T'EN FAIS PAS, QUASIMODO ! JE REVIENDRAI DEMAIN ! ET ENCORE APRÈS-DEMAIN, ENFIN, TOUT LE TEMPS QU'IL FAUDRA...

IL FINIRA BIEN PAR GUÉRIR !

SLAP SLAP SCKRUNTCH SCKRUNTCH

QUASIMODO

ALORS, CUPIDON ? ÇA A MARCHÉ ?

MM...MMOUI

ENFIN...

...PRESQUE !

?

MAIS ENFIN, MONSIEUR, VOUS N'Y PENSEZ PAS ! UNE SI GRANDE MAISON, POUR UN CHIEN TOUT SEUL ?... ET VOS MOQUETTES, HEIN ? VOUS AVEZ PENSÉ À VOS MOQUETTES !

M'EN FICHE DES MOQUETTES ! J'VEUX DORMIR ! DORMIIIIR...

ASILE
Ste AGNÈS DU REPOS

FIN
CAUVIN
NEL
MANS

C'ÉTAIT ÉCRIT...

CUPIDON, MAIS OÙ ÉTAIS-TU ? JE T'AI FAIT CHERCHER PARTOUT...

JE M'ENTRAÎNAIS AU TIR À L'ARC SUR UN CUMULUS, GRAND ST PIERRE !

IL Y A PLUS URGENT QUE DE S'ENTRAÎNER AU TIR À L'ARC SUR UN CUMULUS ! LES ANGLAIS ONT CAPTURÉ JEANNE, LA PUCELLE D'ORLÉANS ET ILS VEULENT LA DÉCAPITER !

AH BON ?

DESCENDS SUR TERRE ET VOIS CE QUE TU PEUX FAIRE !

OUI, ST PIERRE ! À VOS ORDRES, ST PIERRE.

À MORT ! À MORT ! À MORT !

ENCORE UNE FOIS, J'ARRIVE JUSTE À TEMPS.

MOPS

?

STOP ! ARRÊTEZ ! J'AI CHANGÉ D'AVIS !

AH OUI, MONSEIGNEUR ?

ALORS ?

MISSION ACCOMPLIE, ST PIERRE ! ELLE NE SERA PAS DÉCAPITÉE !

MAIS... MAIS...

CUPIDON ! ICI !

CUPIDON !

OUI, S* PIERRE ?

PRENDS TON ARC ET TON CARQUOIS ET DESCENDS SUR TERRE ESSAYER D'ATTENDRIR MADAME THATCHER !

QU'EST-CE QU'ELLE A ENCORE FAIT ?

JUSTEMENT, RIEN ! SIX MOIS QUE LES MINEURS SONT EN GRÈVE... JUSQU'À PRÉSENT, ELLE A TOUJOURS REFUSÉ DE RECEVOIR LES DÉLÉGATIONS SYNDICALES ! ARRANGE-TOI POUR QU'ENFIN ELLE FASSE AU MOINS UN GESTE...

ON VA ESSAYER !

JE PEUX VENIR AVEC TOI ?

BIEN SÛR, SÉRAPHIN ! NOUS NE SERONS PAS TROP DE DEUX ! C'EST UNE DURE À CUIRE !

BING

BING

BING

NOM D'UNE ÉTOILE, CE N'EST PAS POUR RIEN QU'ON LA SURNOMME LA DAME DE FER...

À MON AVIS, COMME CELA, TU N'Y ARRIVERAS JAMAIS...

PROPOSITIONS MALHONNÊTES

SI VOUS CONSENTEZ À M'ÉPOUSER, JE VOUS DONNERAI TOUS LES JOURS LE CONTENU DE MA SOUCOUPE...

MAIS JE N'AI PAS BESOIN DU CONTENU DE VOTRE SOUCOUPE, MOI ! JE VEUX VIVRE LIBRE ET HEUREUX, MOI...

ET... ET ÇA VA CHERCHER DANS LES COMBIEN ÇA, LE CONTENU DE VOTRE SOUCOUPE !?

BEN ...AUJOURD'HUI, IL EST À PEINE MIDI ET J'AI DÉJÀ PRESQUE 20 FR ! ÇA VOUS DONNE UNE IDÉE...

20 FR !

20 FR !

OUAAAH AH AH AH AH AH AH AH AH

VOUS ÊTES MALADE, FAUDRA VOUS FAIRE SOIGNER, MA BRAVE DAME !

J'AI UN GRAND TRAIN DE VIE, MOI ! JE NE VAIS TOUT DE MÊME PAS TROQUER LES CLEFS DE MA FERRARI CONTRE DES PINCES À VÉLO !

JE TRAVAILLERAI JOUR ET NUIT...

NAN NAN ET NAN ! LAISSEZ-MOI SORTIR OU J'APPELLE LA POLICE...

AAAAAH ULAM

SPLATCH...

PLAF

JE TRAVAILLERAI LES WEEK-ENDS ET LES JOURS FÉRIÉS ! J'IRAI TENIR LES TOILETTES À HONG-KONG, À TOMBOUCTOU, À MARRAKECH, S'IL LE FAUT !

VOUS ÊTES MALADE, JE VOUS DIS !

MADAME, JE...

QU'EST-CE QUE VOUS VOULEZ, VOUS ?

MAIS JE...

IL N'Y A PAS QUE CET ENDROIT POUR VENIR FAIRE VOS COCHONNERIES ! ALLEZ VOIR AILLEURS !

JE DOIS ABSOLUMENT FAIRE QUELQUE CHOSE, MAIS QUOI ?

BIEN ! PUISQUE VOUS NE VOULEZ PAS DE MOI, JE VAIS ME PENDRE...

C'EST ÇA, C'EST ÇA.

VOUS AUREZ MA MORT SUR LA CONSCIENCE.

MAIS OUI, MAIS OUI.

C'EST LE MOMENT OU JAMAIS !

? ?

MORS

MAIS ENFIN, QU'EST-CE QUE VOUS FAITES ? VOUS N'ALLEZ PAS MOURIR POUR MOI, TOUT DE MÊME ! JE N'EN VAUX PAS LA PEINE !

OUF ! JUSTE À TEMPS.

IL Y AVAIT ENCORE COMBIEN DANS CETTE SOUCOUPE ?

SIX ANS PLUS TARD...

50 FR ! SACRÉNOM, VOUS N'Y ALLEZ PAS DE MAIN MORTE...

QUE VOULEZ-VOUS, TOUT AUGMENTE, MON CHER MONSIEUR ! ET PUIS, J'AI UNE FAMILLE À NOURRIR, MOI...

J'AI TOUT BIEN FROTTÉ, M'AN ! MÊME PAR TERRE !

C'EST TRÈS BIEN, WILLIAM... C'EST TRÈS BIEN !

AVOUEZ, SAINT PIERRE, QUE ÇA S'EST TOUT DE MÊME TERMINÉ COMME UN CONTE DE FÉES !

M'OUAIS ! MAIS AVOUE AUSSI QUE ÇA A ÉTÉ TOUT JUSTE !

FIN
CAUVIN
XIII
MALIK

16

BON ANNIVERSAIRE...

COMMENT VAS-TU, MA BICHE?

VOYONS, CUPIDON, IL Y A BIEN DEUX MÂLES DANS CE TROUPEAU...

UN MÂLE AMOUREUX, ÇA DEVRAIT SUFFIRE...

TOUS LES MÂLES DOIVENT ÊTRE AMOUREUX EN CETTE SAISON !

MAIS ILS VONT ENCORE SE RENTRER DEDANS ! RAPPELEZ-VOUS L'ANNÉE DERNIÈRE...

CE SONT LES LOIS DE LA NATURE, CUPIDON ! LE PLUS FORT DEVIENDRA LE CHEF DU TROUPEAU ! L'AUTRE DEVRA S'EN ALLER ! NOUS N'Y POUVONS RIEN !

MAIS, ST PIERRE...

CUPIDON, REDESCENDS SUR TERRE ET VA ACCOMPLIR TA MISSION...

MAIS ENFIN...

CUPIiiiDOOONNN !

MAIS JE...

CUPi...

OUI ! OUI ! ÇA VA ! J'Y VAIS !

DANS QUELQUES INSTANTS, JE SENS QU'ON VA ENCORE AVOIR DROIT...

À UN NUMÉRO DE CIRQUE !

MOPS

BRÂÂÂMMMM

ET VOÏLÀ ! QU'EST-CE QUE JE VOUS DISAIS !

PACK

PACK PACK PACK

AÏE AÏE AÏE...

? AH NON ! AH NON !

BEN SI !
ÎLS SE SONT EMMÊLÉ LES BOÏS !

BREAK!

MMMFFF... MMMFF...

MMMFF... MMMFF...

AAAAAH!

BREAK! BREAK, J'AI DIT!

SALES BÊTES!

VOILÀ! VOILÀ! VOILÀ!

PACK

AAAAAH

ET PUIS ZUT! QU'ILS SE DÉBROUILLENT! JE N'AI RIEN À VOIR LÀ-DEDANS! C'EST LEUR AFFAIRE APRÈS TOUT!

DEUX HEURES PLUS TARD...

BRÂÂÂÂÂÂ...

MMMFF... MMMFF... MMMFF...

AAAAH!?

ON DIRAIT LE COMBAT TERMINÉ!

ÇA N'A PAS ÉTÉ TROP MAL CETTE ANNÉE...

PFFFIOUUU! J'AIME MIEUX ÇA!

CALVIN 20. MALIK D.

C'EST TRISTE D'ÊTRE VAINCU! MAIS COMME DIT St PIERRE, CE SONT LES LOIS DE LA NATURE! ON NE PEUT RIEN Y FAIRE!

MEÛEÛÛEÛU

?

LES JOURS ONT PASSÉ...

CRÉVINDJIÉ, LA MARIE, VIENS DONC VOIR UN PEU...

C'EST-Y BIEN NORMAL QUE LA ROUSSETTE AIT MIS BAS UN VEAU AVEC DES BOIS SUR LA TÊTE!?

MAIS ENFIN, CUPIDON, TU DOIS BIEN SAVOIR CE QUI S'EST PASSÉ!?

AH ÇA, SAINT PIERRE, JE VOUS JURE QUE NON!

CAUVIN
90 E
MALIK

FÂCHEUX OUBLI

NON MAIS, C'EST PAS VRAI...

TCHACK.

ET VAS-Y QUE JE TE GUILLOTINE, ET ENCORE... ET ENCORE...

TCHACK
TCHACK

C'EST INCROYABLE ! À CROIRE QU'ILS SONT TOUS DEVENUS FOUS LÀ, EN BAS...

C'EST LA RÉVOLUTION FRANÇAISE...

TCHACK

OUAIS, EH BIEN RÉVOLUTION OU PAS, TU VAS ME FAIRE LE PLAISIR D'ALLER LEUR DÉCOCHER QUELQUES FLÈCHES QUI, JE L'ESPÈRE, REMETTRONT DANS LE CŒUR DE CERTAINS UN ZESTE D'HUMANITÉ !

OUI, ST PIERRE !

TCHACK
TCHACK TCHACK

C'EST ÇA ! VAS-Y, MON PETIT CUPIDON... VAS-Y...

VOILÀÀÀ... C'EST BIEN... C'EST TRÈS BIEN... DÉCOCHE, DÉCOCHE...

MOPS
MOPS
MOPS

DÉ... ?

?!?

TCHACK

LA PROCHAINE FOIS, J'AIMERAIS QUE VOUS LEUR ENVOYIEZ QUELQU'UN D'AUTRE !

SI ÇA NE VOUS DÉRANGE PAS.

FiN

UN COUPLE DE MOUTONS, UN COUPLE D'ÉLÉPHANTS, UN COUPLE DE GIRAFES... CE SERA TOUT!

IL ÉTAIT TEMPS! NOUS SOMMES AU RAS DE LA LIGNE DE FLOTTAISON.

LARGUEZ LES AMARRES!

MAZETTE, JAMAIS JE N'AI VU AUTANT DE COUPLES DIFFÉRENTS RASSEMBLÉS EN UN SEUL ENDROIT...

POUR UNE FOIS, JE N'AURAI PAS À LES CHERCHER AUX QUATRE COINS DU MONDE...

MOPS

J'AI TOUJOURS ADORÉ LE TRAVAIL FACILE!

MOPS MOPS MOPS

EEEEEEH!?

MOPS

CUPIDON! MILLE MILLIARDS DE

NOÉ!

BLUB BLUB BLUB BLUB BLUB BLUB

OH! PARDON SEIGNEUR!

CAUVIN
FIN MALIK

J'AI CONNU UN CYCLOPE HEUREUX...

IL Y A BIEN LONGTEMPS VIVAIT, QUELQUE PART DANS LES EAUX BLEUES DE LA MER ÉGÉE...

...UN JEUNE CYCLOPE QUI GARDAIT SES MOUTONS... HISTOIRE BANALE, ME DIREZ-VOUS! QUE NENNI!

CAR CE CYCLOPE ÉTAIT LE **DERNIER** DES CYCLOPES, LES AUTRES REPRÉSENTANTS DE SA RACE AYANT ÉTÉ DÉCIMÉS PAR UN VIRUS RARE MAIS AUX EFFETS FOUDROYANTS, LE VIRUS DE LAPÉCOLLE, DU NOM DE CELUI QUI L'A DÉCOUVERT. L'UN ET L'AUTRE ONT, PAR AILLEURS, DISPARU...

BREF, CE JEUNE CYCLOPE COULAIT DES JOURS HEUREUX...

LALALI LALALAAA

...BUVANT LE LAIT DE SES MOUTONS...

TOULIII TOULALAAA

...FILANT LEUR LAINE...

YOUGADA YOUGADIII

...ET NE SE NOURRISSANT QUE DE GIGOTS ET DE FLAGEOLETS...

SCROÀMP SCROÒHP SCHROUTCH

DALAADIRLA DADAAAA...

EN UN MOT, IL ÉTAIT HEUREUX SUR SON ÎLE! ET PUIS, UN JOUR, IL FIT UNE RENCONTRE QUI ALLAIT BOULEVERSER SA VIE...

?

HOUHOUUUUU

GAW

GAW GAW GAW

IL VENAIT DE RENCONTRER LA **DERNIÈRE** DES CYCLOPES, LES AUTRES REPRÉSENTANTES DE SA RACE AYANT ÉTÉ DÉCIMÉES PAR, VOUS N'ALLEZ PAS ME CROIRE, LE MÊME VIRUS QUI AVAIT DÉCIMÉ LES CYCLOPES MÂLES ...

J'AI NOMMÉ...

LE VIRUS DE LAPÉCOLLE! ON SAIT!

AH BON !... DE SUITE, ILS SYMPATHISÈRENT...

C'EST ALORS QUE...

CUPIDON, IL Y A DEUX SURVIVANTS LÀ, EN BAS ! VA, MON PETIT, ET FAIS EN SORTE QU'ILS PERPÉTUENT LA RACE !

VOUS POUVEZ COMPTER SUR MOI, St PIERRE !

AUSSITÔT DIT...

AUSSITÔT FAIT...

MOPS

?

MOPS

...ILS TOMBÈRENT PROFONDÉMENT AMOUREUX L'UN DE L'AUTRE...

CAUVIN
36
MALIK

...SE REGARDANT, TENDREMENT, OEIL DANS OEIL...

...SE DISANT DES MOTS TENDRES...

T'AS UN BEL OEIL, TU SAIS!

...NE SE QUITTANT PLUS DES YEUX...

HÉLAS, LA BELLE CYCLOPE N'AIMAIT PAS LES GIGOTS NI LES FLAGEOLETS...

BÊRK BÊRK BÊRK

...ELLE LEUR PRÉFÉRAIT DE LOIN LE GOÛT DES CHÈVRES SAUVAGES AUX LENTILLES...

NON MAIS, ÇA VA PAS LA TÊTE...?

C'EST VRAI ÇA! NON MAIS, QU'EST-CE QU'ON LUI A FAIT À CETTE PE[censuré]E!

CONCILIANT, LE JEUNE CYCLOPE SE FABRIQUA UN ARC...

...SE TAILLA DES FLÈCHES...

...ET PARTIT À LA CHASSE!

TCHÂK

NON MAIS, C'EST PAS VRAI! TU LE FAIS EXPRÈS OU QUOI?

MAIS CHÉRIE...

AUCUNE FLÈCHE N'A ATTEINT LA CIBLE! CONCENTRE-TOI, VISE MIEUX!

QU'EST-CE QUE TU ENTENDS PAR "VISE MIEUX"?

TU BANDES TON ARC, TU FERMES UN ŒIL, TU VISES ET TU TIRES!

TCHÂK

J'AURAIS MIEUX FAIT DE ME TAIRE!

...ET C'EST AINSI, QU'EN MÊME TEMPS S'ÉTEIGNIT UNE BELLE HISTOIRE D'AMOUR ET L'ESPOIR DE VOIR NAÎTRE UN JOUR DES BÉBÉS CYCLOPES! CETTE FOIS, LE VIRUS DE LAPÉCOLLE N'Y FUT POUR RIEN...

RESTÉ SEUL, LE JEUNE CYCLOPE RETOURNA À SES MOUTONS, SE MIT À VIEILLIR, S'AIGRIR, À AVOIR DES BOUTONS, À PORTER UN VERRE DE CONTACT...(SA VUE S'ÉTANT MISE À BAISSER).

C'EST DANS CE TRISTE ÉTAT QU'ULYSSE, REVENANT DE TROIE, LE DÉCOUVRIT ET... MAIS ÇA C'EST UNE AUTRE HISTOIRE...

À VOTRE AVIS, ST PIERRE, SI L'ON NE S'EN ÉTAIT PAS MÊLÉ, PEUT-ÊTRE Y AURAIT-IL ENCORE QUELQUES CYCLOPES SUR TERRE?..

PEUT-ÊTRE! MAIS PEUT-ÊTRE AUSSI QUE DIEU A VOULU QU'IL EN SOIT AINSI...

MON ŒIL, OUI!

36 MALIK

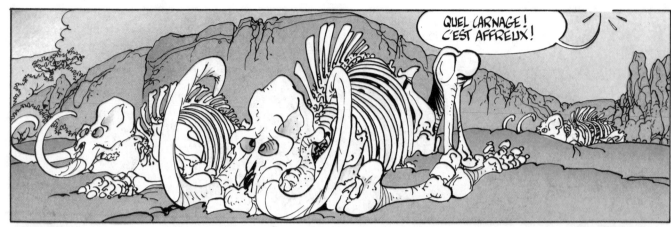

MAIS...MAIS, CITOYEN GÉNÉRAL...

ÇA PEUT ATTENDRE, MON PETIT! NOUS NE SOMMES TOUT DE MÊME PAS À UNE MINUTE PRÈS...

AAAAAAH!?

C'EST GROUCHY?

MMM...NON, SIRE!

C'EST BLÜCHER!

LE

NOUS SOMMES FICHUS!

FAITES DONNER LA GARDE!

MERDE!

VOYONS, CAMBRONNE! C'EST TROP TÔT. ATTENDEZ AU MOINS QUE LES ANGLAIS VOUS AIENT DEMANDÉ DE VOUS RENDRE!

LA GARDE MEURT ET NE SE REND PAS!

AH! ÇA C'EST MIEUX.

NE ME DITES PAS QUE J'AI CHANGÉ LE COURS DE L'HISTOIRE, St PIERRE? S.V.P.?

DIEU SEUL LE SAIT, MON PETIT!... DIEU SEUL LE SAIT!

FIN

CAUVIN.
21. B
MALIK.

OOOH ! CUPIDON, REGARDE !

C'EST UN VER LUISANT !

UN VER LUISANT ? QU'EST-CE QUE C'EST ?

UN INSECTE COLÉOPTÈRE. UN LAMPYRE, PLUS PRÉCISÉMENT !

QU'EST-CE QU'IL FAIT ? POURQUOI EST-IL SI LUMINEUX ?

EN FAIT, IL S'AGIT LÀ D'UNE FEMELLE SI ELLE BRILLE DE LA SORTE, C'EST POUR ATTIRER LES MÂLES !

LES MÂLES !? AU FAIT, OÙ RESTENT-ILS, CEUX-LÀ ?

QUELQUE PART, LÀ, DANS L'HERBE, À SE VAUTRER SANS RIEN FAIRE, EN OUBLIANT LES DEVOIRS IMPÉRATIFS QUE LEUR IMPOSE DAME NATURE...

ATTENDS, JE VAIS ARRANGER ÇA !

MOPS

MOPS

MOPS

MOPS

PSCHIIII

EUH...AHEM...IL Y A EU BRUTALEMENT SURCHARGE !

À MON AVIS, ELLE A DÛ AVOIR UN COURT-CIRCUIT !

PSCHHHHHH

LAPINS À VOLONTÉ

PLOF

COMMENT ÇA, BREDOUILLE! TU N'AS PAS VU UN SEUL LAPIN !?

OH SI !

TROP !

BEAUCOUP TROP !

CUPIDON, DORÉNAVANT, TU LAISSERAS LES LAPINS TRANQUILLES...

OUI, SAINT PIERRE !

CAUVIN
22
MALIK

EH BIEN, ESSAIE ENCORE ! AUGMENTE LA DOSE S'IL LE FAUT !

BIEN ! MAIS VOUS L'AUREZ VOULU !

BON ! IL ME FAUT CHOISIR UNE VICTIME LÀ-DEDANS ! MAIS QUI ?

AAAAH !?

?

— MOPS

JE SENS QU'UNE SEULE NE SUFFIRA PAS !

QU'EST-CE QUE JE VOUS DISAIS...

?

— MOPS

C'EST QUE JE COMMENCE A FATIGUER, MOI !

ALORS ?

C'EST AFFREUX !

JE LUI AI DÉCOCHÉ TOUTES MES FLÈCHES ET POURTANT IL EST ENCORE AUTANT ATTIRÉ PAR ELLE QU'UN ESTURGEON PAR UNE PLANCHE À PAIN...

AÏE AÏE AÏE !

QUAND L'EFFET DE MON PHILTRE VA CESSER ET QU'IL VA SOUDAIN SE RENDRE COMPTE QU'IL A FAIT DANSER LA JAVA AU MONSTRE DU LOCH NESS, ÇA VA LUI FAIRE UN CHOC !

QU'EST-CE QU'ILS FONT ?

ILS CONTINUENT À DANSER ! ELLE LUI PARLE TOUT BAS À L'OREILLE !

? ?

VOU...VOULEZ-VOUS M'ÉPOUSER ?

OUI...OUI HI HI HI HI

BLAF

LAAÀ ! TU VOIS BIEN QUE ÇA A MARCHÉ ! L'AMOUR A TOUJOURS LE DERNIER MOT ! ALLONS, À PRÉSENT, REMETS-TOI, CUPIDON !

TAP TAP TAP

J'AVOUE QUE JE N'Y CROYAIS PAS TROP !

TU VOIS ! IL NE FAUT JAMAIS DÉSESPÉRER...

QU'EST-CE QUE TU PRÉFÈRES POUR RENTRER CHEZ NOUS, MON CHÉRI, LA ROLLS OU LA BENTLEY ?

PLUS TARD...

ENCORE UN PEU DE CAVIAR, MON AMOUR ?

OUI ! MAIS SEULEMENT UNE LOUCHE, MA CHÉRIE !

LA FILLE UNIQUE DU ROI DE L'ÉLASTIQUE ! QUI L'EÛT CRU ?

TU VEUX QUE JE TE DISE, JE ME DEMANDE SI, CETTE FOIS, TES FLÈCHES Y SONT POUR QUELQUE CHOSE, CUPIDON !

CAUVIN MALIK

38/1